COMO GANAR DINERO EN LINEA

INGRESOS PASIVOS

 COMO GANAR DINERO EN LINEA-INGRESOS
PASIVOS

INDICE

COMO GANAR DINERO EN LINEA

 COMO GANAR DINERO EN LINEA-INGRESOS
PASIVOS

COMO GANAR DINERO EN LINEA

LIBRO 1

COMO GANAR DINERO EN LINEA

Introducción

Vivimos en un mundo incierto, pero hay una cosa que sabemos que es cierta... y es que los tiempos son difíciles. La inflación está aumentando en casi todos los frentes. Te estás esforzando para llegar a fin de mes, pero justo cuando crees que estás avanzando, La vida te lanza una cachetada que te golpea.

Las facturas se están acumulando, el costo de las necesidades está aumentando y los precios del gas continúan fluctuando. Has conocido un momento en tu vida en el que trabajar para ganarse la vida parece empujarte aún más en un agujero que no puedes cavar.

Respira hondo... Relájate... y lee este libro, ya que te ayudará a darte cuenta de que hay una respuesta a esta situación enloquecedora en la que te has encontrado. Puedes ganarte la vida sin enterrarte como una avalancha. Puedes levantarte y ver la luz del sol que calienta el alma que otros han visto.

Consuélese sabiendo que la paz interior está a su alcance; y le mostraremos cómo encontrarlo obteniendo sus ingresos en línea.

Acabando con los mitos

Ya que estamos hablando de ganarnos la vida en línea; Es importante que se aborden los problemas de fraude en Internet. Desea estar al tanto, pero no hay razón para dejar que las dudas se interpongan en su camino al decidir el camino comercial en línea que debe tomar.

Las estafas, el spam y el fraude parecen ser sinónimos de la palabra internet en estos días. Muchos cínicos ponen esta forma de ganarse la vida solo porque Internet está involucrado. Gritarán estafa o fraude en los tejados al escuchar cualquier tipo de oportunidad de hacer dinero en línea.

Si bien hay estafas en el ciberespacio comercial en línea, hay muchas oportunidades legítimas para explorar. La investigación le brindará mucha información y consejos para detectar estas estafas, para que pueda avanzar y ganarse la vida desde la comodidad de su hogar.

A lo largo de los años, las estafas y el fraude han crecido en todas las áreas de Internet, lo que, comprensiblemente, ha preocupado a las personas de hacer cualquier cosa en línea. Hay formas legítimas de ganar dinero en Internet: muchas personas lo han hecho con éxito y continúan haciéndolo hoy. Por lo tanto, no deje pasar esta oportunidad por las dudas persistentes.

Este libro le mostrará cómo puede ganar dinero de manera legítima y evitar esas

desagradables estafas que podrían aprovecharse de usted.

Cuanto más informado esté sobre las estafas en Internet, más seguro estará al buscar un negocio en línea. Tome la delantera y controle el futuro de su negocio antes de que alguien trate de aprovecharse de usted. ¡Vamos a reventar algunos de los mitos de la estafa!

Estas son algunas de las declaraciones populares hechas por la mayoría de los fraudes en Internet y la verdad detrás de ellos:

Mito: "¡Gane dinero de la noche a la mañana!": Estas estafas le prometen una forma de ganar dinero mientras duerme.

Hacen que parezca que hay poco trabajo involucrado para obtener esto.

Verdad: si bien es posible lograrlo, se necesitará mucho trabajo y mucha dedicación para poder hacer esta afirmación. La mayoría de las empresas en línea tardarán un poco en ponerse en marcha, pero al final valdrá la pena su esfuerzo.

Mito: "¡Convierta su computadora en un cajero automático para hacer dinero!" - En realidad, hay muchas declaraciones que comienzan con este tipo de argumento de venta.

Verdad: la declaración en sí podría ser cierta, pero tenga cuidado con un argumento de venta que comienza de esta manera. La mayoría de las oportunidades de negocios en línea venden el negocio en sí. Los estafadores tienden a vender el beneficio de hacer dinero. Por lo general, en ese caso, realmente no hay negocios para usted. Para el estafador, están ganando dinero con personas que les pagan por lo que dicen que le darán.

Mito: "Comience su negocio de forma totalmente gratuita. ¡No hay dinero involucrado!". Impulsan el hecho de que puede poner en marcha un negocio sin absolutamente ningún dinero en las tarifas de inicio.

Verdad: este tipo de estafa gritará la declaración de "no hay dinero involucrado", pero luego se dará vuelta y le pedirá que les pague una cierta cantidad de información sobre cómo iniciar un negocio de forma

gratuita. Hmm... ¿No se están contradiciendo? Habrá algunos costos para iniciar un negocio, pero rara vez rompen el banco.

Mito: "Comience a ganarse la vida escribiendo en casa": esta afirmación es similar a muchas otras en Internet que afirman que puede comenzar un negocio desde casa con su mecanografía o, en algunos casos, sus habilidades para ingresar datos.

Verdad: Sí, puedes ganar dinero escribiendo o ingresando datos desde casa. Es mejor que ofrezca estos servicios a sus clientes y evite pagar a los estafadores por la información sobre cómo hacerlo. Puede averiguar cómo hacerlo, ¡con su propia investigación gratis!

Hay muchas más oportunidades de estafa, pero estas le darán algunas ideas sobre cómo funcionan esos fraudes y a quién les gusta aprovecharse. Conozca sus opciones y no tenga miedo de investigar cualquier oportunidad con la que no se sienta cómodo.

Empezando

El miedo al proceso de inicio tiende a hacer que las personas posterguen el inicio de un negocio propio. Ese miedo generalmente se reduce al hecho de que simplemente no saben cómo hacerlo o dónde comenzar. Este informe lo ayudará con este proceso, de modo que pueda calmar sus miedos y pasar por la fase de inicio con facilidad.

Comencemos con algunas preguntas frecuentes que la mayoría de los novatos tienen en el proceso de inicio.

"¿Tengo que tener habilidades o títulos especiales para comenzar mi propio

negocio?"

Necesitará tener algún conocimiento en el campo en el que se va a embarcar, pero no es necesario tener ningún título universitario o de negocios para lograr comenzar su propio negocio. Por supuesto, dependerá del tipo de negocio que desee iniciar.

Una investigación simple en el campo en el que se encontrará su negocio potencial será suficiente para darle lo que necesita en la mayoría de los casos. Si planea ofrecer un servicio como diseño web, etc. debe tener algunas habilidades en esa área antes de intentar iniciar su negocio.

Los títulos universitarios y la experiencia siempre son útiles para obtener experiencia

en un campo, pero generalmente no es
necesario tener ningún título para tener su
propio negocio en línea. El conocimiento
tiene más poder en línea, por lo que será más
importante leer todo lo que pueda tener en
sus manos que trate con su campo.

¿Costará mucho dinero?

Comenzar su propio negocio en línea
generalmente no cuesta mucho dinero. El
dinero que invierte es principalmente para
una computadora, acceso a internet y un sitio
web. Cualquier otro costo se basará en el tipo
de negocio en el que desea entrar.

Las empresas en las que venderá artículos
que haya creado tomarán algo de dinero para
almacenar los artículos de inventario, pero se

pueden encontrar grandes ofertas en Internet para este propósito. Si planea vender un servicio, como el diseño web, deberá agregar programas de software a su lista de herramientas para comprar.

En su mayor parte, no tendrá que acudir a su banco local y rogarles que le ofrezcan un préstamo. Encuentre las mejores ofertas en los artículos que necesita para el negocio que elija y no tendrá que preocuparse por las tasas de interés que un préstamo agregaría a su presupuesto.

"¿Seguiré siendo capaz de iniciar mi propio negocio en línea, incluso si nunca antes había operado mi propio negocio?"

Absolutamente. Cientos de vendedores de

Internet han comenzado sus propios negocios y han tenido éxito sin tener ninguna experiencia comercial previa. Una vez más, todo se suma a la cantidad de tiempo y esfuerzo que pones en tu investigación.

Internet, en sí mismo, tiene una gran cantidad de información a su alcance para ayudarlo a aprender todos los aspectos del negocio que desea comenzar. Puede encontrar consejos, trucos y todo tipo de información de personas que han estado allí y lo han hecho, así que utilice este recurso para obtener el poder que le brindará el conocimiento.

"¿Cuánto dinero puedo ganar de un negocio en línea?"

Esto variará en muchos factores. Qué negocio comienza, cuánto tiempo y esfuerzo le dedica y el retorno de la inversión en lo que está ofreciendo; todos juegan un papel en lo que esencialmente harás.

Algunos vendedores de Internet obtienen un ingreso de seis cifras, mientras que otros obtienen la misma cantidad que generalmente gana un trabajador de comida rápida a tiempo completo. No importa cuánto genere su negocio, todavía estará por delante de aquellos que viajan a sus trabajos. El dinero que gastan en gasolina, ropa para el trabajo y comidas, etc. es dinero que entra en su bolsillo y no el de otra persona.

"¿Realmente necesito un sitio web?"

Se necesitará un sitio web para llevar a cabo su negocio. Deberá vender sus productos o mostrar a los clientes potenciales qué servicios tiene para ofrecer. Sirve como lo haría su "oficina" o "tienda", solo que no necesitará alquilar un espacio costoso en un edificio para usarlo en su negocio en línea.

Los sitios web son bastante fáciles de crear si utiliza uno de los muchos programas de software de diseño de sitios web o servicios de creación de sitios web. Si lo desea, también puede contratar a un diseñador web para crear un sitio excelente para su negocio, así que no deje que su falta de habilidades de diseño web lo detenga.

"¿Necesito licencias comerciales especiales para ejecutar un negocio en línea?"

Deberá consultar con las agencias de su gobierno local para determinar qué necesitará en su área. Cada área es diferente, por lo que es mejor verificar y ver lo que necesita antes de comenzar su negocio.

"Estoy nervioso por tomar dinero de los clientes. ¿Qué pasa si arruino el sistema de procesamiento de pagos?

Si está vendiendo artículos, querrá usar un sistema de pago en línea como PayPal o Clickbank. Estos programas tomarán todo el proceso de pago para usted, incluidos los reembolsos. El software del carrito de

compras muchas veces vendrá con un programa de construcción web, así que aproveche esa opción.

Tipos de negocios legítimos en línea

Hay varios tipos de negocios en línea que puede elegir para comenzar. Deberá verificar cada opción y ver cuál se adapta a sus necesidades antes de continuar. Estos son algunos de los negocios en línea más populares en los que las personas se involucran y lo que cada uno implica:

Empresas basadas en servicios

Un negocio basado en servicios es aquel en el que ofrece algún tipo de servicio a clientes potenciales. Algunos de estos incluyen:

- Escritura

- Diseño web

- Contabilidad / Teneduría de libros

- Asistente virtual

Otros propietarios de pequeñas empresas tienen dificultades para realizar todas sus tareas comerciales por ellos mismos, por lo que subcontratan esos proyectos a otra persona. Buscan personas que ofrezcan los servicios que necesitan para ellos.

Si tiene experiencia en algunas de estas áreas, puede ofrecerlo como un servicio al iniciar su propio negocio vendiéndose usted mismo. Por ejemplo, si tiene algo de experiencia en escritura y puede escribir bien, puede ofrecer

eso como un servicio a otras personas que necesitan escribir en sus sitios.

¿Qué habilidades se necesitan?

Dependiendo del tipo de servicio que elija proporcionar a sus clientes potenciales, debe tener cierta habilidad en su haber. No es necesario tener títulos educativos para realizar estos servicios, pero a los clientes les gusta ver que tienes algún tipo de experiencia para completar las tareas que necesitan hacer.

Trabajar en línea no proporciona el contacto cara a cara que las empresas físicas tienen cuando contratan empleados. La confianza se vuelve un poco más difícil en línea, por lo que a las personas les gusta saber que la

persona que están contratando tiene habilidades y conocimientos en un campo en particular.

Si bien no es necesario tener más de 10 años de experiencia en la prestación de un servicio, el hecho de que lo haya hecho antes y que tenga algunos testimonios que respalden ese reclamo ayuda enormemente.

¿Qué herramientas se necesitan?

Las herramientas que necesita dependerán del tipo de servicios que planea proporcionar. Los más comunes que la mayoría de las empresas basadas en servicios deberían tener son:

- Computadora

- Acceso confiable a Internet

- Teléfono

- Programa de correo electrónico

- Sitio web

Probablemente también habrá algunos programas de software para obtener. Cada servicio usa algunos diferentes, pero la mayoría necesita un programa de procesamiento de texto, un programa de Excel, y algunos usan un programa de diseño web.

Debe considerar un programa de mensajería instantánea para aquellos clientes a los que les gusta poder contactarlo instantáneamente sin tener que usar el teléfono para llamar o

esperar una respuesta por correo electrónico.

¿Cómo empiezas?

Lo primero que debe hacer es decidir el tipo de servicio que planea ofrecer a sus clientes. Anote todo lo que pueda pensar que muestre que tiene algo de experiencia o conocimiento en ese campo en particular.

Luego, crea tu sitio web. Muestre sus habilidades o experiencia en su sitio y brinde a los clientes testimonios de otras personas que hayan utilizado sus habilidades y que estén satisfechos con los resultados. Coloque sus tarifas y cualquier otra información sobre cómo maneja su negocio.

Comercialice su sitio en varios lugares en Internet para que su negocio en línea esté disponible para que los clientes potenciales puedan encontrarlo y consultarlo. Cuando los clientes se comuniquen con usted para contratarlo para cualquier servicio que necesiten, reitere cómo van las cosas. Por ejemplo, hágales saber cómo se les facturará por el trabajo realizado y cuánto costará, etc.

Tardará un tiempo en crear una lista de clientes habituales, por lo que no espere ganar toneladas de dinero de inmediato. Dale tiempo y sigue promocionando tu negocio basado en servicios hasta que llegues al punto en que prácticamente rechaces clientes porque estás demasiado ocupado.

Dirigir un negocio basado en servicios es una opción perfecta para aquellos que ya realizan

ese servicio en otro trabajo. En la mayoría de los casos, podría ganar más dinero ofreciendo esos servicios en línea de lo que puede al trabajar en una posición física.

La comercialización del afiliado

Este es un negocio en línea en el que utiliza su experiencia en ventas y marketing para que los consumidores compren productos de otras personas y obtengan ingresos de la venta que realizó. Por lo general, ganaría una cantidad predeterminada de dinero en función de las ventas que realice de esos productos, pero en algunos casos, podría ganar dinero con los clics de su sitio que llevan a los consumidores a los sitios web afiliados.

A veces puede ganar dinero haciendo que los clientes se registren para recibir artículos en los sitios afiliados, como boletines informativos, etc. Cada programa de afiliados discutirá esto más a fondo sobre cómo funcionan, así que cuando se registre en su programa, asegúrese de verificar cómo su proceso funciona. Esto se realizará mediante un enlace de afiliado que se le proporcionará para colocar en su sitio.

¿Qué habilidades son útiles?

No tiene que ser vendedor o vendedor para ser un vendedor afiliado. Sin embargo, el conocimiento sobre cómo hacer estas cosas será importante. Aprenda todo lo que pueda sobre cómo funciona el marketing en línea y aprenda cómo ser un vendedor afiliado exitoso de otros vendedores importantes.

Se necesitará mucho trabajo y mucha dedicación para que su negocio de marketing de afiliación sea exitoso. Si no tiene tiempo ni ganas de trabajar duro, no considere que este sea su negocio en línea.

¿Qué herramientas se necesitan?

Las herramientas necesarias serán mínimas. Además de la computadora habitual con acceso confiable a Internet, necesitará un sitio web para vender los productos afiliados. No tendrá que abastecerse de los productos, solo para venderlos.

Su sitio web necesitará contenido nuevo de forma regular, así que prepárese para escribir algunos artículos usted mismo o contratar a alguien para que los haga por usted. Un blog para vincular a su sitio también será útil para que los motores de búsqueda estén contentos con usted.

¿Cómo empiezas?

Deberá determinar qué nicho tiene para su sitio web de marketing de afiliación. Esto le ayuda a destacarse de sus competidores. Por ejemplo, podrías usar la nutrición como tu nicho. Luego cree un sitio web basado en el nicho que eligió para su negocio.

Luego encuentre productos afiliados para vender desde ese sitio. Asegúrese de que los productos que decida vender para su negocio estén relacionados de alguna manera con el nicho que ha elegido para su negocio de

marketing de afiliación.

Entonces, si su nicho está en el campo nutricional, querrá ofrecer productos afiliados que estén relacionados de alguna manera con la nutrición. Si no ofrece productos relacionados en su negocio, corre el riesgo de aparecer como poco profesional y los motores de búsqueda tampoco estarán muy contentos con usted.

Hay muchas personas que ganan bastante dinero con este tipo de negocio. Es importante recordar que la mayor parte del trabajo que tendrá en este tipo de negocio será comercializar su sitio web para que los consumidores lo encuentren. Cuando te encuentren, tu sitio debería poder hacer que se interesen en tus productos hasta el punto en que comprarán usando tus enlaces.

Vender en E-Bay

Este es otro negocio en línea popular con el que muchas personas suelen comenzar. E-Bay es un popular sitio web de subastas en línea que millones de personas usan todos los días para encontrar buenas ofertas en los artículos que buscan.

Puedes vender cualquier cosa que tengas en casa, así como vender artículos utilizando un método de envío directo. Si realiza una búsqueda en el sitio de e-bay, verá una gran variedad de artículos que la gente está vendiendo. Podrían ser artículos usados o artículos nuevos que provienen de mayoristas. De cualquier manera, las personas pagarán un buen dinero si les

proporcionas lo que están buscando.

Algunas personas llegan a comprar artículos en mercados de pulgas y ventas de garaje con el único propósito de revenderlos en e-bay para obtener ganancias.

¿Qué habilidades son útiles?

No hay muchas habilidades que necesitarías para vender artículos en e-bay. La capacidad de comercializar sus artículos será la más importante. Las personas pueden hacer una búsqueda en el sitio de los artículos que está vendiendo, pero si desea ganar dinero en este tipo de negocio, querrá comercializar esos artículos en otro lugar para que la gente los encuentre.

Si vendes artículos desde tu casa, deberías poder tomar una buena foto del artículo para que las personas puedan ver en qué forma está.

¿Qué herramientas se necesitan?

Realmente, las únicas herramientas que necesita para comenzar este tipo de negocio es una cuenta con e-bay para vender sus artículos. Si planea utilizar un método de envío directo, deberá encontrar un mayorista que envíe los artículos directamente a los clientes.

Será necesario el acceso a una computadora con un acceso confiable a Internet para realizar un seguimiento de sus ventas. También necesitará una cuenta en línea como

41

PayPal para recibir dinero de sus clientes.

¿Cómo empiezas?

Regístrese para obtener una cuenta con E-Bay que le permita vender a través de ellos. Planee comprar artículos del sitio también para ayudarlo a construir sus calificaciones de usuario, para que las personas tengan un poco más de confianza en comprarle.

Coloque fotos, si es posible, de los artículos que desea vender. Los artículos que tienen una foto de artículos se venden mucho más rápido que los que no. A la gente le gusta ver qué es lo que están comprando, así que ofrézcales la mejor calidad de fotografía posible.

Revise todos los materiales informativos, así como las reglas en el sitio web de E-Bay, para obtener consejos sobre cómo hacer más ventas y cómo funciona el proceso de venta en el sitio.

Vender en E-Bay es una excelente manera de comenzar su propio negocio en línea. Esto le brinda su primer contacto con un negocio en línea sin tener que tener muchos equipos para comenzar. Además, obtienes el beneficio de deshacerte de los artículos que desordenan tu hogar mientras ganas un poco de dinero.

Ganar dinero de los sitios de membrecía

Algunos propietarios de negocios en línea

ganan dinero vendiendo membrecías a sus sitios web. Las personas compran membrecías para obtener acceso al contenido que el propietario del sitio web les proporciona regularmente.

Por ejemplo, puede ofrecer membrecías a usuarios de Internet que necesiten artículos para sus sitios web. Las membrecías tendrían que renovarse cada pocos meses más o menos dependiendo de por cuánto tiempo sean buenas sus membrecías. Cada vez que alguien renueva su membrecía, usted gana más dinero.

El potencial de ganancias para este tipo de negocio es bastante alto. No le costará mucho proporcionar a sus miembros artículos informativos, pero puede cobrarles una buena cantidad para acceder a ellos, lo que le

brinda una ganancia que sigue dando.

¿Qué habilidades son útiles?

Las habilidades de marketing serán las más útiles. Lograr que esos usuarios de Internet accedan a su sitio para comprar sus membrecías es lo que le hará ganar dinero. Tener algún conocimiento sobre cómo ejecutar un sitio web también podría ser útil para que su sitio funcione sin problemas para sus miembros.

Es posible que desee tener algún conocimiento de los productos que ofrece. Por ejemplo, si está ofreciendo artículos a sus miembros, debe saber qué hace que un artículo sea bueno y cómo funcionan para los diferentes propósitos.

¿Qué herramientas se necesitan?

Necesitará un sitio web de alta calidad para manejar las demandas que traerá el sitio de membrecía. Debe proporcionar un servicio excelente en caso de que algo salga mal con el sitio. Existen algunos programas de software de administración de sitios de membrecía que pueden ayudarlo a configurar uno por menos de $ 100.

El contenido del sitio es otra herramienta que necesitará. Debe proporcionar a sus miembros que pagan contenido nuevo para que lo usen regularmente. Podría ser en forma de artículos escritos, programas de software o incluso juegos en línea, dependiendo de lo que planee dar a sus

miembros.

¿Cómo empiezas?

Deberá planificar su sitio de membrecía de antemano. ¿Qué planeas ofrecer a tus miembros? ¿Será contenido, software, etc.? Cuando haya tomado su decisión, proponga un ángulo nuevo y diferente para proporcionar a sus consumidores.

Podría proporcionar contenido en un nicho específico, como nutrición o podría ofrecer un cierto tipo de contenido escrito, lo que sea necesario para proporcionar a los usuarios de Internet un nuevo ángulo. Esto te ayuda a destacar entre la multitud de competidores que hay.

A continuación, cree su sitio de membrecía
con una función de carrito de compras para
manejar los pagos de las membrecías. Los
programas de software de gestión de
membrecía deben incluir todo lo que necesita
para llevar a cabo su negocio. Todo lo que
necesitaría es el contenido para dar a sus
miembros.

El paso más importante será comercializar su
sitio de membrecía para que la gente lo
encuentre. Las técnicas de marketing se
discutirán más adelante en este informe.

Los sitios de membrecía pueden ofrecerle un
medio para obtener ingresos de tipo residual.
Si las personas están satisfechas con lo que
les das, no tendrán problemas para
entregarte su dinero para seguir renovando
su acceso al contenido de tu sitio.

Ganar dinero vendiendo productos

Este tipo de negocio se puede hacer de diferentes maneras. Una forma es crear y vender sus propios productos. Los artesanos a menudo entran en este tipo de negocios para vender sus propias creaciones al público de Internet. Los creadores de álbumes de recortes también eligen este camino para sus negocios.

Otra forma de vender productos es mediante el uso de una tienda en línea que venda otros productos. No habría inventario de artículos para almacenar en su hogar, ni tiene que enviar nada directamente desde su propia ubicación. Los productos se solicitan a través de la "tienda" que ha configurado y el

mayorista que los proporciona enviará los
artículos directamente a los clientes por
usted.

¿Qué habilidades son útiles?

Las habilidades que debe tener son la
capacidad de trabajar duro y las buenas
habilidades de servicio al cliente. Pasará gran
parte de su tiempo comercializando sus sitios
web, por lo que los clientes potenciales lo
encontrarán. Será necesario tener un buen
sitio web configurado para proporcionar a los
clientes todo lo que necesitan al decidir si
comprar o no sus productos.

Los clientes tendrán preguntas sobre los
productos y pueden tener algunos problemas
que deberá abordar, por lo que será

imprescindible contar con buenas habilidades de servicio al cliente. Establecer una buena relación con sus clientes comenzará el ciclo de ellos regresando para comprar más de usted. Brindarle un servicio al cliente de primer nivel lo ayudará a obtener eso.

¿Qué herramientas se necesitan?

Si ha elegido vender productos que crea usted mismo; Tendrá que abastecerse de un inventario de artículos para crearlos. Consulte con algunos proveedores para encontrar buenas ofertas en artículos que se compran a granel para ayudarlo a ahorrar algo de dinero.

Por supuesto, será necesario un sitio web y

sus clientes necesitarán encontrar sus productos, ver cuáles son y tener una manera de ordenar lo que está ofreciendo. Asegúrese de que el sitio tenga la función de carrito de compras para facilitar el proceso de compra para su negocio.

¿Cómo empiezas?

Lo primero que querrá hacer es decidir qué va a vender. ¿Está creando sus propios productos para ofrecer o planea vender otros productos mediante el uso de cargadores directos?

Si planeas vender artículos que creas tú mismo, entonces necesitarás investigar a los vendedores para el inventario que necesitarás para hacer esos productos. Reponga algunos

con anticipación, de modo que cuando los consumidores comiencen a ordenar su producto, pueda enviarlos de inmediato y no hacerlos esperar otro día o dos mientras los inventa.

Cuando finalice la etapa de planificación, deberá crear su sitio web para venderlos. Asegúrese de que el sitio sea fácil de navegar y que no distraiga tanto que su negocio se desconecte en unos segundos.

Por supuesto, el último paso para comenzar en este negocio será la comercialización de sus productos, que se discutirán más adelante en este informe. Este paso es el más importante si desea que su negocio sea un éxito, así que no escatime en este.

Vender productos es una excelente manera de ganar dinero en línea. Si ya crea productos para regalar a amigos y familiares, no hay razón por la que no deba llevar el producto a Internet y comenzar a venderlos.

Si te gusta la idea de vender productos, pero no quieres crear uno para ti mismo o si simplemente no sientes que eres creativo, entonces puedes lograr este tipo de negocio haciendo que alguien más te envíe productos. Comenzar de esta manera en línea le brinda la flexibilidad de pasar el tiempo necesario con su familia, pero aún así ganarse la vida.

Gane dinero vendiendo productos de tipo informativo

Internet es un gran lugar para vender sus conocimientos. Hay muchas personas que pagarán casi cualquier cosa por obtener información que buscan desesperadamente. Si tiene el conocimiento que ellos desean, podría obtener un ingreso considerable.

Los productos informativos vienen en muchas formas. Podría ser uno de los siguientes:

• Libros electrónicos

• Cursos electrónicos

• Tutoriales

• Guías

• Podcasts

Estos son productos informativos populares que son muy buscados por los usuarios de Internet. Si tiene algo que decir, este podría ser el negocio para usted.

¿Qué habilidades son útiles?

Debe tener conocimiento del tema que presentará a sus consumidores. No será necesario tener un doctorado o de ningún tipo para hacer esto, pero tener una buena cantidad de conocimiento en el campo sería útil.

La capacidad de comercializar sus materiales también será útil. Cuantas más personas contactes con tus productos, más personas querrán comprarte.

¿Qué herramientas se necesitarán?

Las herramientas que necesite dependerán de lo que planee proporcionar. Los libros electrónicos y las guías podrían escribirse en un software de procesamiento de texto y luego convertirse a un documento PDF, que es el tipo de documento más popular que la gente quiere.

Se necesitarán programas de respuesta automática para crear cursos electrónicos exitosos. Los podcasts necesitarían software de grabación y edición de audio. Los tutoriales se pueden hacer de dos maneras diferentes. Puede usar una presentación de PowerPoint para presentar su material o puede usar un software de video tutorial. Los videos tutoriales son excelentes para mostrar a los usuarios cómo usar un programa

específico paso a paso.

También serán necesarios sitios web y blogs para promocionar sus productos informativos.

¿Cómo empezar?

Tendrá que decidir sobre un tema para su producto. ¿Qué sabe más sobre lo que podría proporcionar a sus consumidores potenciales? Cuando sepa lo que quiere proporcionar, investigue ese tema para ver si puede encontrar un ángulo nuevo y único para presentarlo.

Dado que hay muchos libros electrónicos, tutoriales, etc. en Internet a la venta, necesitará encontrar algo nuevo para ofrecer a sus clientes. No estarán tan dispuestos a

entregar su dinero si no creen que tiene algo nuevo que ofrecerles.

Escriba o grabe su producto informativo y luego edítelo a su entera satisfacción. Una vez que lo tenga de la manera que lo desea, puede comenzar a venderlo. Crea un blog o sitio web para venderlo.

Asegúrese de que el contenido de la copia web del sitio atraiga la atención de los usuarios de Internet para que puedan comprar lo que está ofreciendo.

Contrata a un redactor si puedes pagar uno para escribir la copia para promocionar esos materiales. Pueden escribir contenido de una manera que haga que su producto sea tan deseable que cualquiera quiera comprarlo.

Crear productos informativos no le costará mucho, pero puede venderlos para obtener una buena ganancia. Esta es una excelente manera de obtener ingresos en línea mientras mantiene un horario flexible que le permite pasar más tiempo con su familia.

Ganar dinero blogueando

Los blogs comenzaron hace años como una forma para que las personas se conecten con otros y compartan imágenes, historias y experiencias. Se consideraba una gran herramienta de tipo de diario personal que se podía usar para dejar su huella en Internet a través de sus encuentros.

Los blogs evolucionaron para convertirse en excelentes herramientas de marketing, así como un medio para ganar dinero. Hay algunas formas diferentes de obtener ingresos de los blogs. Aquí hay algunos:

Anuncios de Adsense: Los motores de búsqueda populares ofrecen una forma de ganar un poco de dinero extra con cualquier blog o sitio web. La idea es colocar estos anuncios en su sitio y cuando un visitante hace clic en un anuncio de su sitio, gana una cantidad predeterminada de dinero. Cuantos más clics pueda obtener de los visitantes de su sitio, más podrá hacer. Hay algunas reglas, así que si eliges seguir esta ruta, asegúrate de aprender qué no hacer antes de registrarte en sus programas.

Reseñas de productos: Hay algunos sitios

web con los que puede registrarse que pueden ayudarlo a conectarse con otras compañías que necesitan personas para revisar sus productos y obtener cierta exposición en sus blogs. Por lo general, el requisito principal para esto es tener un blog que haya existido por un tiempo y que tenga una buena cantidad de visitantes. Esas compañías le pagarían una cantidad específica para revisar su producto en su blog.

Enlaces contextuales: Algunos propietarios de negocios o sitios web pagarán a un blogger para publicar uno de sus enlaces en sus publicaciones de blog. Puede ser que los propietarios se pongan en contacto con el autor del blog o una empresa que actúe como intermediario. Esas empresas encontrarán blogs relacionados con los sitios de sus empresas, por lo que los enlaces

proporcionados en los blogs serán amigables para los motores de búsqueda. Esta es una excelente manera de ganar algo de tráfico extra para un sitio.

Vender productos: Los blogs son otra forma de vender sus propios productos. Aquellos que tienen negocios que venden artículos para la decoración del hogar o artículos para alimentos utilizan mucho los blogs para ayudar a vender sus productos y ganar más dinero en línea.

¿Qué habilidades serían útiles?

No hay mucha habilidad involucrada en este tipo de negocios, excepto la capacidad de comercializar su blog. Le conviene investigar los blogs lo más posible para aprender

algunos de los trucos del oficio para que su blog sea popular.

¿Qué herramientas serían necesarias?

Su herramienta principal, además de una computadora con conexión a Internet, sería un blog. Hay muchos programas de blogs para elegir. Algunos son libres de configurar, mientras que otros requieren una tarifa mensual o anual para comenzar.

Las versiones pagas de los programas de blogs pueden ayudarlo a conectarse con otros blogs y aumentar el tráfico de su blog. Las versiones gratuitas son extremadamente fáciles de configurar y la mayoría son extremadamente populares entre los bloggers, por lo que encontrar personas con

las que conectarse no sería demasiado difícil.

¿Cómo empezar?

Regístrese con un programa de blogs y comience a publicar entradas en él. Asegúrate de estar blogueando regularmente, lo que sería aproximadamente 2 veces por semana. Los blogs que no se actualizan regularmente tienden a perderse en el ciberespacio.

Comercialice su blog tanto como sea posible. Inscríbase en los directorios del blog, ingrese en los rollos de blog de otras personas y comente en las publicaciones de otros autores de blogs para obtener cierta exposición a su blog. Cuanto más tráfico pueda conducir a su blog, mayores serán sus posibilidades de

hacer de los blogs una forma lucrativa de ganar dinero.

La mayoría de los programas de blogs tendrán un registro para los anuncios de AdSense ya incluidos en su función de configuración, por lo que comenzar con eso será fácil. Si desea proporcionar revisiones de productos y enlaces contextuales, querrá estar blogueando por un tiempo y recibir una buena cantidad de tráfico.

Cuando su blog esté listo, busque las empresas que lo ayudarán a conectarse con las empresas que desean pagar para que se revisen sus productos o que sus enlaces se inserten en las entradas de su blog. Una vez que esté configurado, puede comenzar a obtener ingresos adicionales con su blog.

Bloguear es una manera fácil de ganar algo de dinero extra si planeas trabajar duro para comercializarlo. Los que tienen éxito en los blogs por dinero utilizan todas las rutas posibles para que su blog sea bien conocido en las comunidades de Internet. Los que no lo hacen, tienden a ganar solo unos centavos por semana.

Conviértete en uno de los bloggers más exitosos y convierte tu blog en tu negocio y no solo en un pasatiempo para participar de vez en cuando. Su billetera se lo agradecerá.

Ganar dinero entrenando a otros

Un entrenador es aquel que toma sus

conocimientos en un oficio particular y los comparte con otros que también quieren tener éxito en ese campo. Los entrenadores pueden ser expertos en cualquier cosa, desde redacción hasta marketing y hasta el negocio mismo.

Si tiene buenos conocimientos o experiencia en un área en particular, puede convertirse en un entrenador con bastante facilidad y ganar dinero haciéndolo. Hay muchos entrenadores que ayudan a otros en diseño web, diseño gráfico e incluso en el campo del entrenamiento.

Un entrenador ofrecería consejos y técnicas a los novatos dentro de ese campo y respondería preguntas a lo largo de su proceso de aprendizaje.

¿Qué habilidades son útiles?

La habilidad más importante que debe tener para este tipo de negocio es la capacidad de ser un buen oyente. También debe tener mucha paciencia para sus clientes. Aquellos que te contratan para entrenarlos quieren que escuches sus malas experiencias y que los ayudes a salir de la basura en la que se encuentran, sin importar cuán extraños puedan parecer.

Para construir una buena relación y credibilidad en este negocio, debe conocer bien su campo. Si nunca ha diseñado un sitio web antes, ser un entrenador de diseño web no sería una buena idea, porque su falta de experiencia se detectará de inmediato y se

perderá la confianza.

¿Qué herramientas se necesitarán?

Debe tener lo siguiente en este tipo de negocio:

• Computadora

• Programa de correo electrónico

• Sitio web

• Contenido informativo para su sitio.

• Función de carrito de compras para que su sitio maneje pagos

• Teléfono dedicado para fines comerciales.

La mayoría de sus conversaciones con los

clientes probablemente se realizarán a través de sus programas de correo electrónico, pero algunas personas pueden sentirse más cómodas al poder hablar con usted de una forma más individual, por lo que debe incluir un teléfono en su lista de herramientas.

¿Cómo empezar?

Planifica tu negocio. ¿En qué servicio ofrecerá que tenga conocimiento? Obtenga algunos artículos y otro contenido escrito creado para colocar en un sitio web para ayudar a construir credibilidad y un estado experto para su negocio.

Explica en tu sitio cómo funciona tu servicio y cuánto será tu tarifa. Muestre algunos testimonios de otras personas que han usado

sus servicios anteriormente y estaban satisfechos con los resultados. Haga que su sitio sea fácil de navegar para que otros no se pierdan tratando de encontrar información sobre su negocio de coaching.

Comercialice su negocio de coaching para que los clientes acudan a usted. Planifique las metas que el cliente desea lograr al usarlo y discuta cómo se obtendrán esas metas. Escuche sus problemas y preguntas y brinde respuestas perspicaces y apoyo para que sigan avanzando hacia sus objetivos.

Los entrenadores son muy buscados en línea para aquellos que tienen buenos conocimientos o experiencia en un área determinada. Use lo que sabe sobre un tema y brinde un servicio de entrenamiento a otros para ayudarlos a convertirse en expertos

como usted en el mismo campo.

Ganar dinero en el negocio de la genealogía

Esta es una oportunidad de negocio perfecta para aquellos que aman investigar y les encanta aprender sobre nuestros antepasados. Los genealogistas se ganan la vida creando árboles genealógicos para otras personas que no tienen el tiempo o la paciencia para hacerlo ellos mismos.

A casi todos les gusta saber de dónde vienen y qué hicieron sus antepasados que podrían haber dejado una huella en el mundo. Puede aprovechar sus curiosidades haciendo una investigación para ellos y proporcionándoles su herencia familiar.

¿Qué habilidades serían útiles?

Excelentes habilidades de investigación y organización serán de alta prioridad. Estas habilidades son de lo que se trata la genealogía. Necesitará saber dónde y cómo investigar el patrimonio de cada familia y poder colocar toda la información en un formato fácil de entender para sus clientes.

¿Qué herramientas serían necesarias?

Necesitaría una computadora con una conexión a Internet confiable. Debe suscribirse a algunos de los mejores sitios web de genealogía disponibles para su investigación. También debe invertir en algunas guías o asistir a algunas clases para

aprender algunos consejos y trucos para investigar los árboles genealógicos.

Se necesitaría un sitio web para administrar su negocio. Los clientes necesitarán saber cómo realiza su trabajo y cuánto cobra. Proporcione algunas muestras si es posible para mostrar a los clientes cuán minucioso es su trabajo.

¿Cómo empezar?

Reúna todos sus suministros y encuentre sitios web de genealogía para suscribirse. Cree un sitio web para vender su servicio y luego comience a comercializar su negocio para atraer clientes a su sitio.

Utilice sus recursos de Internet para su investigación, así como bibliotecas locales, tribunales y sociedades históricas. Es posible que deba entrevistar a personas para acceder a cierta información, por lo que es posible que deba buscar un teléfono para usar.

Cree su documento del árbol genealógico que contenga toda la información del patrimonio familiar o use programas de software que se lo proporcionen.

Si le gusta investigar y está interesado en documentos históricos, entonces debería considerar este tipo de negocio. Satisfaga las demandas que las personas tienen para descubrir su historia familiar y ganar dinero haciendo algo que le encanta hacer.

Gane dinero con la publicación de escritorio

Si eres una persona creativa y puedes usar bien una computadora, considera un negocio en línea con autoedición. Aquí es donde puede crear documentos, volantes, folletos, calendarios y anuncios.

Todos estos tipos de documentos se crean utilizando uno o dos programas de su computadora, por lo que no será necesario contar con maquinaria costosa para crearlos.

Hay muchas personas que buscan estas páginas creativas para todo tipo de usos y no saben cómo crear una. Si tiene algún conocimiento en esta área, puede usarlo para ganar dinero proporcionándoles estas creaciones.

¿Qué habilidades son útiles?

La capacidad de moverse por una computadora y usar varios tipos de programas de software son algunas habilidades que debe tener. No es necesario ser artista para estar en este negocio, porque todo se hace usando la computadora.

¿Qué herramientas se necesitan?

Además de una computadora, debe tener el siguiente equipo:

• Software de publicación de escritorio

• Software de edición de fotos

- Impresora láser o en color

- Escáner

- Papel de impresora de alta calidad

Asegúrese de saber cómo usar bien todas las funciones de su equipo para poder brindar el mejor servicio de calidad a sus clientes.

¿Cómo empezar?

Debe obtener todo el equipo necesario para administrar su negocio. Elija un nicho para enfocar sus esfuerzos de marketing y luego cree un sitio web para reflejar ese nicho. Su sitio web debe proporcionar a los clientes potenciales muestras de su trabajo para mostrar su experiencia en este campo.

También puede repasar sus habilidades leyendo cualquier tutorial o guía sobre el campo de la publicación de escritorio.

La publicación de escritorio puede ser un negocio muy gratificante para cualquiera que emprenda y le encante lograr creaciones para hacer que alguien tenga envidia. Si usted es una de esas personas y desea algo que le brinde flexibilidad, este es el negocio en el que debe registrarse.

Creando un negocio a partir de ideas inusuales

Hemos discutido los medios más convencionales para comenzar un negocio en línea. También hay algunos medios no convencionales que deberían considerarse. Por poco convencional, nos referimos a aquellas ideas que surgieron y se rieron de otros. Esas personas que llevaron esas ideas a la cima y se ganaron la vida enormemente. Estas son algunas de esas ideas que la gente pensó que nunca despegarían:

Vender seminarios antiguos: Un chico se ganaba la vida encontrando y vendiendo seminarios antiguos que originalmente se vendieron por miles de dólares.

Nombres de dominio: A alguien se le ocurrió la idea de que podían vender un servicio de nombres de dominio para otras personas. Suena loco, pero el negocio despegó para ellos. Resulta que algunas personas necesitaban ese servicio.

Venta de joyas de compromiso usadas: Según los informes, esta idea surgió de alguien que rompió su compromiso, recuperó el anillo pero descubrió que no podía devolverlo por su valor total. Comenzaron un sitio para que otras personas en el mismo bote vendieran sus joyas y recuperaran lo que pagaron por él o lo más cerca posible.

Vender mariposas para ganarse la vida: Sí, es posible, o al menos eso es lo que una persona descubrió cuando alguien le apostó a que no podía venderlas. No solo ganó esa apuesta, sino que hizo un gran negocio con esa pequeña idea.

Hay muchas más ideas que las personas han presentado y las han hecho funcionar como un negocio en línea, así que revise sus bancos de memoria y vea si hay una idea escondida allí que nadie creería que podría funcionar. Simplemente podría probar que están equivocados...

Comercializando su negocio en línea

Estrategias para hacer que su negocio sea exitoso

Ahora que ha aprendido algunos negocios en línea diferentes para elegir, querrá aprender algunas formas de comercializar su negocio para que pueda tener éxito como muchos otros vendedores de Internet que han recorrido el camino que desea recorrer.

Exploremos algunas de las estrategias más populares de marketing de su negocio en línea.

Sitio web

Su sitio web de negocios en línea es el lugar perfecto para comenzar. Si hay una cosa que podría hacer o deshacer su negocio, sería el sitio web en sí. Aquí hay algunas cosas que es importante saber sobre su sitio web con fines de marketing:

Nombre de dominio: El nombre de dominio es la dirección para encontrar su sitio en Internet. Desea elegir un nombre de dominio que coincida estrechamente con su sitio o nombre comercial. Esto ayuda a cualquier usuario de Internet a encontrar su negocio fácilmente si está buscando un tema determinado. Una coincidencia exacta sería la mejor opción, pero si no está disponible, intente encontrar una que se acerque lo más posible.

Palabras clave: Utilice las mejores palabras clave para colocar dentro del contenido de su sitio. Las palabras clave son palabras que usan los buscadores de Internet cuando van a los motores de búsqueda para buscar información sobre un tema específico. El motor de búsqueda indexará las palabras clave y las colocará en la página de resultados para un usuario. Cuanto más alto esté su sitio en la página de resultados, más posibilidades tendrá que el usuario elija su sitio para visitar.

Comercializar con un nicho: Un nicho reduce su negocio para comercializar a un determinado grupo de personas. Limite sus esfuerzos de marketing a un grupo más pequeño para ayudarlo a dar lo que sus consumidores quieren. Los grupos más grandes tienen demasiadas personas que tienen muchas necesidades diferentes. Esto dificulta que su audiencia se interese en lo que tiene. Los grupos más pequeños serán las personas que tienen más probabilidades de querer lo que tienes, por lo que el marketing será mucho más fácil.

Su sitio web deberá reflejar el nicho que elija para su negocio. Si se dirige a madres con niños pequeños, su sitio debe reflejar eso. Tendría gráficos que se conectarían con madres con niños pequeños y el contenido del sitio debería estar escrito con algo con lo que pudieran relacionarse. Esto también ayudará con los motores de búsqueda.

Blog: proporcione un blog para ir con su sitio web. Debe relacionarse con el tema que tiene su sitio de negocios. Los blogs personales no

deben usarse aquí. Si utiliza un programa de blogs que no está conectado con su sitio, intente diseñar la plantilla del blog para que coincida con el sitio de su empresa lo más cerca posible, de modo que parezca que el blog coincide con el sitio.

Los blogs son otra forma de utilizar los motores de búsqueda para ganar visitantes. Cuando un visitante encuentra su blog, puede ver que tiene más información para ofrecerle sobre ese tema en otra parte de su sitio web, por lo que puede hacer clic en el enlace proporcionado.

Correo de propaganda

Los correos electrónicos son esenciales para

cualquier campaña de marketing. Así es como mantiene su negocio y productos frescos en la mente de sus clientes potenciales. Lograr que un visitante visite su sitio es una cosa, pero lograr que lo recuerden a usted a través de los millones de otros sitios web es todo en sí mismo; especialmente cuando están interesados en comprar.

Los correos electrónicos se envían a intervalos regulares para proporcionar información a los visitantes del sitio web para ayudar a construir credibilidad y poner el nombre de su empresa en primer plano. Esto se puede hacer de dos maneras diferentes. Para obtener direcciones de correo electrónico para enviar sus mensajes, deberá proporcionar una función de correo electrónico opcional en su sitio para que las personas puedan registrarse para recibir

actualizaciones sobre lo que está ofreciendo o
para obtener más información.

Boletines informativos: Se utilizan para
proporcionar pequeños artículos sobre temas
relacionados con su negocio. Por ejemplo, si
vende vitaminas y minerales, su boletín
puede ofrecer artículos sobre prácticas de
salud alternativas, etc. para mostrar lo
importante que es su producto para ellos.

Los boletines se pueden enviar a sus buzones
de correo electrónico con la introducción de
un artículo y un enlace donde pueden ir a su
sitio para leer el resto del artículo. Esto
permite a los usuarios familiarizarse con su
sitio y hace que sea más fácil recordarlo
cuando decidan que desean comprar algo
que está ofreciendo.

Cursos electrónicos: Puede tener una función de registro en su sitio para que los visitantes la utilicen para aprender los conceptos básicos sobre un tema. Si vende productos vitamínicos, puede usar un curso electrónico para ayudar a enseñar a sus lectores cómo elegir los mejores para los diferentes tipos de problemas de salud.

Los cursos electrónicos generalmente se envían durante un período de 5-7 días y a menudo se ofrecen de forma gratuita. Esto mantiene en mente el nombre de su empresa al recordarle todos los días que el curso electrónico entra en su bandeja de entrada.

Actualizaciones: Para aquellos que han comprado algo de usted o personas que se

han registrado para esta función, puede proporcionarles actualizaciones sobre sus productos, descuentos, obsequios, etc. De esta manera, si no atrae a un visitante a comprar su En la primera visita pueden ver algo más tarde que les llama la atención y los atrae a comprar.

Las actualizaciones también pueden ayudar a atraer más tráfico a su sitio. Aquellos que ya se hayan inscrito en sus listas tendrán amigos, familiares, vecinos y compañeros de trabajo a quienes pueden referir a su negocio simplemente reenviando los mensajes.

Artículos y otro contenido escrito

Además de proporcionar un buen contenido

del sitio web, los artículos y otro contenido escrito se pueden usar de varias maneras para comercializar su negocio. Estas son algunas de esas formas:

Directorios de artículos: Los directorios de artículos brindan excelentes tácticas de marketing para su negocio. Al escribir y enviar un artículo relacionado con el sitio de su empresa, puede lograr dos cosas...

1. Credibilidad en el tema sobre el que ha escrito

2. Dirija más tráfico a su sitio proporcionando un enlace al sitio web de su empresa en la sección de biografía del autor que se encuentra en los sitios del directorio del artículo.

Estos sitios de directorio generalmente se clasifican bien con la página de resultados del motor de búsqueda, por lo que alguien que tropieza con uno de sus artículos enviados dentro de un directorio puede encontrar su camino a su sitio web para obtener más información sobre ese tema.

Artículos colocados en los boletines o blogs de otro sitio: Al ser un escritor invitado en el blog o boletín de otra persona, puede comunicarse con un grupo de personas que buscan información sobre un tema.

Debería proporcionar un enlace a su sitio dentro de estos artículos y luego corresponder el favor para que el otro propietario del sitio web proporcione el

mismo tipo de artículos en sus boletines o blogs.

Artículos en Digg o sitios similares: Tener uno de sus artículos enviados en Digg o en un sitio de tipo similar le dará más acceso a su sitio. Digg es un sitio que proporciona artículos que otros usuarios de Internet han considerado buenos artículos informativos. Aquellos artículos que reciben una gran cantidad de "Diggs" serán enviados a la página de inicio donde muchos usuarios los verán y revisarán. El enlace de su sitio podría incluirse para aquellas personas que desean más información sobre el tema.

Ofrecer libros electrónicos o guías: Pueden proporcionar a sus consumidores información sobre un tema e incluir un enlace a su sitio para mantenerlos familiarizados

con su negocio. Estos se pueden ofrecer de forma gratuita o por una pequeña tarifa.

La palabra Gratis puede ser una palabra poderosa para cualquier usuario y captar su atención con bastante facilidad. Proporcionaría información básica sobre un tema y podría interesarles en comprar un libro electrónico que tenga información más detallada sobre el mismo tema.

Socializar para el marketing

Una de las formas más exitosas de encontrar el tráfico que está buscando lo que tiene para ofrecer es socializar con otras personas con ideas afines. Estas son las formas más populares de socializar para sus necesidades

de marketing:

Comentarios de blogs: Encuentre otros blogs que tengan el mismo tipo de tema que su sitio web. Publique una respuesta en algunas de sus publicaciones. El enlace de su sitio web se asociará con su nombre y aquellos que busquen más información sobre ese tema revisarán su sitio o blog y verán qué tienen para ofrecerles.

Únase a las comunidades del foro: Encuentre comunidades de tableros de mensajes que tengan temas relacionados con su sitio web. El enlace de su sitio web podría ir en la línea de firma permitiendo que otros encuentren su camino al sitio para ver lo que tiene. Verifique primero las reglas de la junta para asegurarse de que esto esté permitido.

Al publicar regularmente en estos foros, puede construir credibilidad como experto para ese tema y ganar algo de confianza con algunos consumidores potenciales que pueden estar pensando en comprarle. Además, los otros miembros de la junta pueden referir a las personas que conocen a su sitio, así que asegúrese de devolver todo lo que reciba con estas comunidades.

Sitios de redes sociales: Los sitios de redes sociales incluyen sitios populares como MySpace y Facebook. Estos sitios atraen a personas que buscan a otras personas interesadas en las mismas cosas que ellos.

Los especialistas en marketing en Internet los usan todo el tiempo para conectarse con personas de su público objetivo. Las personas que tienen el mismo interés que usted pueden comunicarse y comenzar a generar confianza con usted. Serán más receptivos a comprarle a alguien que esté en su "grupo" o podrían transmitirle la información de su negocio. a otras personas que conocen.

Técnicas de mercadeo misceláneas

Aquí hay algunas otras técnicas para utilizar en sus campañas de marketing:

Programas de afiliados: Inicie sus programas de afiliados para sus productos. Deje que otras personas ganen algo de dinero comercializando sus productos por usted. Más tráfico llegará a su sitio a través de los

esfuerzos de otra persona.

Aprenda cómo iniciar su propio programa de afiliados exitoso y crear una página web en su sitio para que otros se registren para ser sus afiliados. Esto es algo que puede anunciar en sus boletines y actualizar mensajes.

Adwords: Los motores de búsqueda ofrecen esta característica a los propietarios de negocios para comprar espacios publicitarios en las páginas de resultados de búsqueda. Cada vez que alguien hace clic en ese anuncio, se le cobrará una cierta cantidad de dinero al motor de búsqueda.

Debido a que está pagando por los clics, querrá proporcionar el anuncio más deseable posible para aumentar su retorno de la inversión. Los anuncios pobres pueden costarle dinero, porque no todos los que hacen clic en estos anuncios querrán comprar. Realice un seguimiento de estos anuncios y retírelos o actualícelos cuando sea necesario para evitar perder demasiado dinero para su negocio.

Campaña de boca en boca: Esta es la técnica de marketing más fácil que existe. Una simple campaña de boca en boca hará que las personas transmitan la información de su negocio a otras personas, etc.

Esto funciona muy bien para que los clientes locales y los clientes escuchen sobre su negocio y lo transmitan a otros que pueden estar buscando los mismos productos o información. Esta también es una forma

económica de realizar marketing para su negocio.

Usar comunicados de prensa: Esta opción se puede usar si solo está abriendo sus puertas o si está ofreciendo un descuento o una venta especial. Los comunicados de prensa se envían a sitios que los publican para usuarios de Internet que buscan información específica.

Están escritos como si fueran una noticia y muestran sus "noticias" con titulares e información llamativos y que llaman la atención. Su venta, descuento o inicio de negocio tendría mucha exposición a potenciales consumidores y clientes.

Un comunicado de prensa bien escrito para

anunciar lo que está ofreciendo puede ser lo que necesita para atraer una gran cantidad de tráfico al sitio web de su empresa. Considere realizar uno periódicamente para ayudar a mantener fresco el nombre de su empresa en la mente de las personas.

Coloque un anuncio en los periódicos locales: No existe una regla que diga que solo tiene que comercializar en Internet. ¿Por qué no intentar comercializar localmente colocando anuncios en periódicos locales? Esos anuncios son vistos por la mayoría de las personas que viven dentro de esa área y reciben ese documento.

A veces, las empresas obtienen sus primeras transacciones de ventas de clientes locales, por lo que no deje de lado su área local cuando planifique su campaña de marketing.

Podcasting: El podcasting es contenido de audio que las personas usan para proporcionar información que la gente escucha en lugar de leer. Les da un medio diferente para aprender sobre un tema que les interesa. A la gente le encanta la opción del podcast para escuchar mientras hacen otra cosa y no tienen que estar pegados a la pantalla de su computadora.

Su negocio gana credibilidad y confianza entre los oyentes. Esos oyentes pueden convertirse en clientes, por lo que su sitio web estará vinculado al programa de audio.

Marketing en el lado divertido

A la gente le encanta divertirse, así que ¿por qué no proporcionarle sus técnicas de marketing? Aquí hay algunas formas en que puede dárselos:

Organice un concurso: la gente vendrá de todas partes cuando se anuncie un concurso. Ejecute uno en su blog o sitio para generar más tráfico. Tendrá que comercializar el concurso en gran medida para que la gente se entere, pero una vez que sepan que vendrán corriendo.

Haga que su concurso sea divertido en el que

casi cualquiera puede participar. Ofrezca un premio que valga la pena para el ganador del concurso. Si no lo hace, la gente no vendrá corriendo la próxima vez que realice un concurso o algo para su negocio.

Un concurso podría ser cuestionarios para realizar, un safari en Internet para participar o simplemente un sorteo para dibujar nombres.

Tenga productos promocionales con el logotipo de su empresa: los sitios web como Café express fabricarán productos como camisetas, bolígrafos, tazas e incluso sombreros con su logotipo. Algunos de estos se pueden regalar o puede hacer que los visitantes de Internet los compren a través de un enlace en su sitio.

Estos artículos promocionales se pueden mostrar para que cualquier persona que entre en contacto con ese artículo vea su logotipo y sienta curiosidad sobre de quién es el negocio. Luego pueden buscar en su sitio para saber qué ofrece exactamente.

Pensamientos finales

Cualquiera puede ejecutar su propio negocio en línea, ya sea que tenga una amplia experiencia comercial o no. Todo lo que realmente necesita es el impulso para tener éxito y la capacidad de trabajar duro y aprender todo lo que pueda sobre el negocio en el que decide entrar.

Con las numerosas opciones disponibles para las empresas en línea, puede encontrar una que satisfaga sus necesidades y habilidades que debe aportar. Use todos los métodos de marketing que pueda para que su negocio llegue a todos los rincones del mundo de Internet y dirija el tráfico a su sitio.

El trabajo duro y el sudor que le dediques inicialmente valdrán la pena al final, ya que puedes comenzar a relajarte un poco y tal vez contratar a alguien más para que haga algunas de tus tareas diarias por ti. ¿Qué mejor manera de ganarse la vida que contratar a otra persona para que haga su trabajo duro por usted?

Internet ofrece cada vez más oportunidades de hacer efectivo a los dueños de negocios todos los días, entonces, ¿por qué no subirse al carro ahora y comenzar a cosechar algunas de las recompensas que otros vendedores de Internet están logrando? Si pueden hacerlo con poca experiencia en el campo de los negocios, usted también puede hacerlo.

INGRESOS PASIVOS

LIBRO 2

INGRESOS PASIVOS

Comenzamos

Cualquier ingreso donde el individuo no tiene que ganar físicamente se llama ingreso pasivo. Esta es, por supuesto, una forma muy atractiva de obtener ingresos y, de hecho, los que tienen la suerte de ganarse la vida de esta manera son muy felices.

El paso a los ingresos pasivos

Generar cargas de camiones de ingresos pasivos y vivir las cuatro horas de trabajo de la semana

Qué es el ingreso pasivo

Actualmente existen algunas formas muy populares y comunes de obtener ingresos pasivos. Escribir una nueva melodía o canción o incluso un jingle y venderlo como propiedad comercial generará unos ingresos pasivos muy lucrativos. Abrir una cuenta de ahorro bancario, es otra forma de conseguir que con sólo ahorrar dinero el individuo obtenga algún tipo de interés residual aunque no es mucho y fluctúa a menudo al capricho y la fantasía de los sistemas bancarios.

Aprenda lo básico

Empezar un negocio de varios niveles es otra manera de generar ingresos pasivos. Hay algunas compañías de varios niveles que no requieren el trabajo estándar de reclutar y vender productos, sino sólo utilizar sus productos. Convertirse en consultor de productos financieros no sólo es una buena fuente pasiva de ingresos, sino también una forma de ampliar la base de clientes.

Para aquellos que tienen un poco más de dinero de sobra, pueden considerar otro tipo de inversiones que probablemente generen beneficios. Comprar una propiedad y alquilarla ayuda a la persona a pagar el préstamo, por lo que no requiere un compromiso financiero inmediato.

Hay muchas formas innovadoras de ganar dinero con el motor de Internet. Todo lo que se necesita es un poco de tiempo para buscar las herramientas de negocio legítimas.

Una de las herramientas más populares es la creación de información propia para libros electrónicos y otras herramientas de venta en línea que requieren quizás cambios de idioma.

En la forma más arriesgada de obtener ingresos pasivos sería invertir en varias acciones y bonos. Sin embargo, los niveles de riesgo son bastante altos y a menudo no valen la pena.

Utilización de los ingresos residuales

Después de pagar todos los compromisos mensuales, el dinero sobrante se conoce como ingreso residual.

Este ingreso puede ser de gran ayuda para un individuo y normalmente está vinculado al grupo de ingresos más establecido. Esta es también la forma en que el sector bancario calcula la probabilidad de otorgar un compromiso de préstamo a sus clientes. Este es un ingreso que también continúa dando mucho más allá del marco de tiempo del primer pago inicial.

Lo que sobra

Hay muchas maneras de tratar de obtener
ingresos residuales. Escribir, por ejemplo, es
una forma de aventurarse en este campo de
la obtención de ingresos residuales.

Si el material de escritura es bueno habría
una oportunidad de vender los derechos, y
así es con otras vías como escribir un
programa de software viable, componer una
canción, inventar un gadget y muchas más.

Hacerse famoso como tal vez como actor o
cantante, donde todavía se reciben pagos
cada vez que se reutiliza el trabajo realizado
anteriormente. Cuando esto se hace para
otros modos de entretenimiento, dicho artista
obtiene un ingreso residual en forma de

ciertos porcentajes de la actuación inicial original.

Obtener ingresos residuales de bienes raíces es quizás uno de los estilos más populares de inversión con esta intención en mente. Si se hace bien este tipo de ingresos residuales en el más ideal y rentable.

Otras formas mucho más simples de obtener ingresos residuales incluirían comenzar un plan de ahorros a una edad temprana. Mantener esto diligentemente ayudaría a asegurar una jubilación cómoda en la que los ingresos residuales serían de gran ayuda.

Los mejores tipos de planes de ingresos residuales son normalmente aquellos en los que el individuo tenía total autonomía sobre

cómo, dónde y cuándo el producto se utiliza. Al ser capaz de dictar los métodos de uso, el individuo también tiene la última palabra sobre cómo va la promoción general y otros aspectos de la invención.

Uso de los ingresos apalancados

Esta es quizás una de las formas más beneficiosas de crear la posibilidad de tener un ingreso continuo en un escenario a largo plazo.

Usando el estilo de ingresos de apalancamiento, el individuo gana más dinero con mucho menos esfuerzo simplemente porque las ganancias obtenidas no sólo son el resultado directo de los propios esfuerzos, sino también de las fuentes añadidas de los esfuerzos de otras personas.

Utilizando

Idealmente, la mayoría de la gente trabaja para tratar de ganar este tipo de ingresos tanto en el corto plazo como en el largo plazo. En sus términos más básicos, los ingresos por apalancamiento permiten que el individuo se concentre en otros esfuerzos una vez que se han iniciado las etapas iníciales de creación y puesta en marcha de un proyecto en particular. Dicho proyecto se deja entonces para generar ingresos sin necesidad de más compromisos diarios particulares por parte del inversor o inventor.

La mayoría de las personas que se sienten cómodas económicamente se han aventurado en este tipo de inversión, con la intención de generar algún tipo de ingreso apalancado. Usar un poco de tiempo y esfuerzo para

realizar un proyecto y luego dar un paso atrás a medida que el proyecto finalmente se ejecuta en sí mismo es, de hecho, el escenario perfecto. Por lo tanto, este estilo de apalancamiento de poder adquisitivo le da al individuo la opción de jubilarse temprano y disfrutar de los frutos de su trabajo sin la molestia de tener que supervisar la incursión o tener que estar físicamente involucrado.

Además de los diversos brazos de inversión que pueden ser utilizados para generar ingresos apalancados, la puesta en marcha de una empresa de mercadeo en red o de negocios es también otra de las formas más populares de generar este estilo de ingresos.

Esto, por supuesto, requiere un poco de trabajo duro al principio, pero una vez que el negocio esté establecido, ya no habrá

necesidad de estar tan involucrado como en
las etapas iníciales.

Usando el Ingreso Activo Apalancado

Los ingresos apalancados activos funcionan con más o menos los mismos principios del formato normal de ingresos apalancados, con una distinción significativa.

En este estilo se requerirá que el individuo sea más práctico y tenga un mayor porcentaje de participación en la etapa inicial y en alguna etapa estancada a lo largo de la incursión.

Acción

El hecho de poder ofrecer un servicio o producto que "sigue dando" a gran escala sería, por supuesto, ideal, por lo que el estudio de un producto o servicio de este tipo puede dar lugar a algunas opciones bastante interesantes y viables.

Algunas de las opciones simples de ingresos apalancados activos incluirían la prestación de servicios en conferencias y seminarios de talleres. También es beneficioso llevar a cabo sesiones de formación para las empresas, ya que el material utilizado ya habría sido diseñado como un formato básico para ser utilizado una y otra vez con sólo unos pocos ajustes que se realizan de vez en cuando.

El diseño de buenos módulos de estudio en el hogar es también otra forma muy rentable de obtener el estilo de ingresos apalancados para ganarse la vida cómodamente. Esto también requiere una inversión inicial de tiempo y esfuerzo que normalmente crea la plataforma para fuentes de ingresos continuos y rentables. Así, al hacerlo, permite que el individuo pueda centrarse en otras posibles incursiones para mejorar aún más la base de ingresos.

Las fórmulas más exitosas utilizadas en el pasado sólo requerían que el individuo se concentrara en el diseño de un producto o servicio que se utilizaría y reutilizaría de manera continua y consistente, creando así los ingresos deseados que eventualmente se convertirían en ingresos apalancados.

Hay básicamente tres tipos de estilos de ingresos apalancados. El estilo de apalancamiento activo, el estilo de apalancamiento pasivo y el estilo de apalancamiento básico.

Todo su estilo requiere un cierto grado de trabajo inicial, pero si se diseña y ejecuta bien, la mano de la participación a largo plazo se puede mantener a un nivel mínimo.

Uso de la comercialización del Internet

La comercialización del Internet también es referida por varios otros términos tales como marketing digital, web marketing, marketing online, marketing de búsqueda, y e marketing.

Todos ellos tienen un estilo de marketing similar con sólo una pequeña diferencia, pero todos tienen la intención principal de hacer dinero.

La Red

Este estilo de comercialización se considera bastante amplio y lucrativo.

Este estilo puede incluir servicios como asistencia creativa y técnica, diseño, desarrollo, publicidad y ventas.

Los diversos servicios posibles que la herramienta de marketing en Internet puede proporcionar incluyen el compromiso interactivo del cliente, un proveedor de motores de búsqueda para fines de marketing, una plataforma de anuncios, y muchas otras posibles herramientas de ganancia.

El uso de la herramienta de marketing en Internet puede proporcionar un enfoque uno a uno que no siempre es posible en el escenario del mundo "real".

Este enfoque, aunque bastante amplio y sin una dirección particular, puede ser alcanzado a través del uso de palabras clave que son introducidas por el usuario con el fin de obtener la información o servicio requerido.

El diseño de herramientas de marketing que se supone que atraen a grupos de interés específicos también se hace a través de la ruta de marketing en Internet.

Este estilo creó la plataforma para las conexiones que deben hacerse entre un grupo de segmentos típico y el producto promocionado.

El marketing de nicho realizado a través de la herramienta de marketing en Internet tiene sus méritos. El éxito del estilo es muy exitoso y es ciertamente popular entre aquellas personas que tienen tiempo e interés limitados para navegar por Internet.

Por lo tanto, este servicio prestado es muy beneficioso para ellos y muy utilizado también.

Las ventajas de crear un negocio de marketing en Internet tienen muchas ventajas, que van desde los posibles grandes ingresos derivados del ritmo de ocio que uno puede dictar.

Sin embargo, nada, por supuesto, viene sin un cierto nivel de esfuerzo para ver el éxito deseado y siendo la herramienta más común de los negocios ahora, bien vale la pena el esfuerzo de investigar.

Uso de la comercialización en red

Es una forma de marketing de persona a persona, hay una necesidad real de que la gente salga y busque clientes que puedan estar interesados en los productos que se venden.

Este método se utiliza cuando se considera mejor que la obtención de cualquier negocio a través de otros métodos como herramientas de marketing fuera de línea y en línea. Aquí el uso de representantes independientes es la clave para el éxito de la incursión empresarial.

Trabajo en red

Las campañas de reclutamiento a menudo se llevan a cabo para tratar de conseguir que las personas se conviertan en agentes o promotores individuales de una empresa. Algunas de estas compañías siguen los estilos de marketing multinivel, mientras que otras sólo necesitan identificar distribuidores potenciales.

El uso del mercadeo en red para crear ingresos residuales es otra forma de proveer una vida más cómoda desde un ángulo financiero. Esta forma de ganar se hace a su propio ritmo y compromiso. Básicamente, cuanto más se trabaje, mejores serán las posibilidades de obtener un mayor ingreso residual. El individuo también tiene el privilegio de decidir con quién y cuándo

llevar a cabo cualquier negocio.

Este es un aspecto muy importante para algunas personas que disfrutan conociendo y haciendo nuevos amigos al mismo tiempo que obtienen la ventaja de una fuente de ingresos extra.

Este método también suele implicar muy poca inversión monetaria y tampoco implica un compromiso a largo plazo. La razón por la que la mayoría de la gente opta por probar su mano en el mercadeo en red es debido a la promesa muy lucrativa de una perspectiva de ingresos residuales. Ver el éxito de otros que han logrado alcanzar un estado financiero confortable es un buen punto de referencia para centrarse en la búsqueda de las propias ambiciones de la persona para un ingreso residual bueno y saludable.

Otra cosa interesante a tener en cuenta es que no hay límite de edad para este tipo de esfuerzo.

Uso de Bienes Raíces

Esta es otra forma de crear ingresos residuales sin tener que limitarse demasiado a un estilo particular o a un requisito de compromiso.

La demanda de bienes raíces para crear ingresos residuales está ganando popularidad rápidamente ya que la tasa de éxito y las remuneraciones pueden ser bastante tentadoras.

Bienes inmuebles

Algunos de los factores de "atracción"

incluyen la capacidad de controlar los niveles alcanzados en términos de ingresos obtenidos. Es muy raro que se establezcan cuotas o que se obligue a los agentes a cumplirlas.

Sin embargo, para algunos agentes de bienes raíces que están vinculados a ciertas empresas hay varios programas de incentivos que se ponen en marcha para ayudar a generar el impulso para empujar a los agentes a unos estándares de rendimiento más altos.

La creación de la propia seguridad personal con los ingresos residuales de la venta de bienes raíces es también otra razón atractiva para aventurarse en este esfuerzo. Los ingresos que se derivan de este tipo particular de ingresos residuales

definitivamente valen la pena para trabajar
hacia un plan de jubilación anticipada.

Al tomar la decisión de aventurarse en el
estilo inmobiliario de obtener ingresos
residuales, la sensación de poder tener algún
control sobre las propias prioridades es una
ventaja. Esto también permitirá que el
individuo practique un sentido de
responsabilidad y compromiso para ver el
éxito de su incursión en bienes raíces.

También hay algunas ventajas fiscales muy
buenas en el uso de bienes raíces para
obtener una base de ingresos residuales
ordenada. Esto puede reflejarse en el sistema
que se utiliza actualmente para fomentar la
venta activa de bienes inmuebles. Así al
proporcionar las desgravaciones fiscales
necesarias, es más probable que la persona

trabaje aún más duro para alcanzar un
objetivo de ingresos residuales confortable.

Diversificar la capacidad de obtener ingresos
residuales sin tener la molestia de tener que
establecer una compañía u organización
separada es una mejor opción a considerar,
ya que la incursión inmobiliaria realmente no
requiere estas facilidades.

Uso de los blogs

El uso de este método con el fin de obtener
ingresos residuales es una necesidad en este
momento. Para aquellos que son conocedores
de Internet, esta es una excelente vía para
seguir en la empresa de crear ingresos
residuales para uno mismo.

Pensar que tener un cierto nivel de
experiencia es algo necesario, no es absoluto
ya que todo el mundo tiene que empezar por
algún lado. Aprender a utilizar las mejores
técnicas disponibles para crear blogs exitosos
se relacionará directamente con la cantidad
de ingresos residuales derivados.

Registros Web

Para poder lograr un ingreso residual bastante lucrativo de los blogs debe haber una cierta cantidad de compromiso.

El éxito de los blogs depende en gran medida de los niveles de interés del individuo y de su capacidad para buscar información relevante con el fin de garantizar que los blogs realizados sean interesantes y cautivadores.

Centrarse en el aspecto promocional de los blogs garantizará la exposición necesaria para que el blog sea lo más visitado posible.

La promoción del contenido de uno mismo en un sitio web de redes sociales y el hecho de dejar la información pertinente en la página web asegurará que el blog esté bien conectado. Esto también es crear los porcentajes más altos requeridos cuando hay más tráfico generado a través de sitios de referencia.

La publicación de anuncios en el blog de la persona también proporcionará una fuente de ingresos, ya que la persona está en condiciones de cobrar por los anuncios.

Esto sólo es aplicable si el tráfico a dicho sitio de blog es mucho, por lo tanto, habrá muchas otras personas o empresas dispuestas a pagar por aparecer como anuncios en el sitio del blog, con la intención de que a su vez traiga tráfico a sus sitios también.

Conseguir que otras personas escriban cosas interesantes que luego se presentan en el propio blog del individuo es una muy buena manera de mantener el blog interesante y diversificado.

Establecer metas y tener un plan

Los planes y los objetivos van de la mano, sin uno el otro es redundante.

Tener estos dos elementos muy presentes en la vida de una persona es la clave para mantenerse enfocado en obtener mejores condiciones de vida en cada paso hacia el futuro.

Algunas sugerencias

En la mayoría de los escenarios el dinero juega un papel importante en ser el factor

motivador que empuja al individuo. Los niveles de motivación de un individuo son, de hecho, lo que impulsa el esfuerzo a los niveles de éxito alcanzados.

Como la mayoría de la gente hoy en día está buscando maneras más fáciles de hacer dinero, el nacimiento de muchos nuevos esfuerzos parecen ser casi diarios. Cada vez se están ideando más y más formas creativas con la intención principal de ganar dinero lo más rápido y lo más rápido posible.

Una vez que un individuo se ha decidido por una meta, el siguiente paso sería idear un plan adecuado para alcanzarla con éxito. Puntos como la comerciabilidad, los niveles de compromiso, las inversiones financieras, la mano de obra son sólo algunas de las cosas que hay que tener en cuenta a la hora de

elaborar los planes.

Los plazos también son otra cuestión muy importante que hay que tener en cuenta al hacer planes para alcanzar el objetivo. La mayoría de los objetivos pueden alcanzarse con un cierto grado de compromiso, pero para asegurar que no se pierda el entusiasmo inicial, se debe establecer un marco temporal adecuado. Esto no sólo asegurará que se logre el objetivo, sino que también mantendrá el enfoque individual en alcanzarlo rápidamente.

Tomarse el tiempo para considerar seriamente las ambiciones del individuo ayudará a tener una idea más clara de cuáles deben ser los objetivos y planes.

Identificar esto es lo más importante para asegurar que el plan y las metas se trabajen y se terminen con éxito. Conocer las propias capacidades y ser realista a la hora de decidir los objetivos y planes es también una forma de ser sabio y prudente.

La mentalidad necesaria para un ingreso pasivo

Aquellas personas que se han aventurado con éxito en el estilo de ingresos pasivos de crear un ingreso para sí mismos se han dado cuenta de que tienen una mentalidad muy diferente a la del individuo promedio.

Estas personas son normalmente impulsadas por la ambición y el dinero y harán todo lo posible para lograr ambas cosas. En la búsqueda de lograr el ingreso residual deseado a través de medios pasivos, el individuo necesita estar dispuesto a intentar cualquier tipo de esfuerzo.

Lo que usted necesita

Por lo general, el individuo que elige proporcionar ingresos residuales para sí mismo a través del estilo de ingresos pasivos son las personas que están muy centradas y con una mentalidad positiva. El fuerte estado de ánimo positivo es casi un prerrequisito para mantener al individuo en el camino hacia el éxito.

Ser esperanzado es también otro atributo que se necesita para este tipo de esfuerzo. Debido a que este estilo de ingresos residuales no tiene la presión de tener que responder a los superiores por no lograr una cierta cantidad de negocios, el individuo tiene que tener todos los atributos positivos necesarios para ser capaz de empujarse a sí mismo al siguiente nivel.

Esto es especialmente necesario cuando los niveles de energía son bajos y junto con el hecho de que tal vez haya una falta de logros visibles que son evidentes.

Pensamientos finales

Hay muchos emprendedores que han elegido aventurarse en este tipo de atrasos de ingresos. La mayoría de ellos ya tienen el empuje y la meta de ser un éxito firmemente en su lugar y todo lo que necesitan es ser capaces de identificar el esfuerzo relevante que proveerá lo que ellos desean.

Siempre están alertas a cualquier vía posible que les permita crear un escenario de ingresos residuales saludables. Estar siempre al tanto también asegurará que estén muy conscientes de las posibilidades que tienen a su disposición.

www.ingramcontent.com/pod-product-compliance
Lightning Source LLC
Chambersburg PA
CBHW070345220526
45467CB00001B/246